特定非営利活動法人　共同保存図書館・多摩
二〇一七年度通常総会記念講演（2017・5・21）より

# 図書館の「捨てると残す」への期待と不安

## ―出版産業の危機の中で／書き手として、利用者として―

永江　朗

目次

1 桑原武夫蔵書廃棄問題で考えたこと――3
2 図書館は何を収集し、どう残すのだろう――12
3 「蔵書を図書館に寄贈するよりも、古書店に売るほうがいい」と考える理由――20
4 新刊書店、古書店、図書館 それぞれ役割が違う――28
5 出版産業のどこが危機なのか――34
6 複本問題と貸出猶予問題について考えたこと――49

# 桑原武夫蔵書廃棄問題で考えたこと

この何か月かの間にも出版を巡るいろいろな事件がありました。その中で私がいちばん驚いたのは、アマゾンが日販に対する＊バックオーダーをやめるという話でもなければ、『少年ジャンプ』の売り上げが２００万部を割ったという話でもありません。また、トーハンが『週刊新潮』の電車の中吊り広告を事前に『週刊文春』に見せていたという話でもありません。京都の桑原武夫コレクション問題です。会場の皆さんにもショックだったろうと思います。公共図書館の問題ですからね。フランス文学者の桑原武夫さん（１９０４―１９８８）の蔵書が遺族から京都市に寄贈されていたのですが、その多くが廃棄されてしまったというのです。

桑原武夫さんは大きな影響力のあった戦後の学者であり文化人でした。京都大学教授で、京都大学の人文科学研究所を作った人です。おもしろい人だったようです。

たとえば鶴見俊輔さんを京都大学に呼んだのは桑原武夫でした。晩年の鶴見さんから、こんな話をうかがいました。桑原さんは鶴見さんを京都大学に招くことを決めましたが、決めてしまった後で「ところで鶴見君、君は大学は出たの？」と聞いたそうです。鶴見さんはア

＊バックオーダー：在庫にない注文品をそれぞれ取次店経由で発注すること

メリカでハーバード大学を卒業しています。彼は太平洋戦争が始まって日米交換船に乗って日本に帰国する直前まで、敵性外国人として牢屋に入れられていました。牢屋の中で卒論を書いて大学に提出し、それが受理されました。つまりハーバード大学は、アメリカ政府がどう考えようと、学生としての鶴見俊輔に卒業証書を与えたというわけです。アメリカという国のありかたや大学の自立など、いろいろ考えさせられるエピソードですが、桑原さんは、その辺の細かい事情を調べていなかったのでしょう。でも鶴見さんが優秀だと思って京都大学に招いた。でもちょっと心配になってきた。鶴見さんは大学を卒業しているのかな、大学を出ていなくても京大の教授会が認めればいいか、なんて考えているときに、「ハーバード大学を卒業しました」と聞いて、ホッとした顔だった。そういって鶴見さんは笑っていました。そのほか桑原さんは、梅棹忠夫とか多田道太郎とか、多くの優秀な後輩を育てました。いかにも京都大学的な人です。

また、桑原さんは「第二芸術論」を唱えて、俳句は第二の芸術だ、いわばB級の文学なのだといって大きな話題になりました。いま考えるとあまりにも西洋中心主義的な文学観ですが、それもまた桑原武夫という人を表しています。いろんなことを広く浅く論じた。その軽やかさを馬鹿にする人もいましたが、越境していく知識人の典型だと思います。

その桑原武夫の蔵書を、遺族が京都市に寄贈した。最初は粟田口の国際交流会館の中に、書斎を再現した桑原武夫記念室というのを作って保管していた。ところがいろいろ新しい施設ができるなど都合が生じたのでしょう、蔵書をあちこちに移転する過程で廃棄されてしまった。桑原蔵書が市の図書館全体の蔵書と重複するところがあったから、というのがその理由です。一度は蔵書を図書館の倉庫に移したが、やがてその図書館の倉庫が手狭になったのでまた移した。転々とするうちに、担当者が、もう置き場所がないのでどうしたらいいだろうと中央図書館の職員に相談した結果、目録があるのだから現物がなくてもいいでしょ、ということになったようです。

廃棄した方法については、新聞によって書き方が微妙に違うのですが、どうも古紙業者に売ってしまったらしい。古書店ではなく古紙回収業者です。溶かされてパルプになってしまったのなら、これはもう回復不能です。問題が発覚して、市の教育委員会は遺族にお詫びをした。廃棄していいと判断した管理職については、減給6か月10分の1、および降格処分ということでした。

いくつか私の感想を述べます。まず感じたのは、「こんな軽い処分で済むものなのだ」という驚きです。この人の給料は知りませんが、仮に40万円だとすると、4万円の6か月分で

24万円引かれる。しかも部長が副部長になるくらいで済む。私だったら、市中引き回しのうえ打ち首獄門、という気分ですが。まあ、それは冗談ですが、失われたものの大きさに比べ、処分は軽いなあと思います。

しかし、そもそもこれは個人の問題なのか、それとも組織の問題なのか。「廃棄していいよ」といったのは京都市の中央図書館の副館長だったそうです。その人が司書としての教育を受けていたのかどうかは知りませんが、図書館の幹部職員でも蔵書の扱いについての見識は、こんなものなのかと驚きました。また、教育委員会が遺族に謝ったと書かれていますが、これもちょっと違うのではないか。図書館の資料というのは、全ての京都市民、あるいは未来も含めた全ての人々の共有財産であって、それを軽率な判断で廃棄して回復不能の損害を与えたということについて詫びるべきは、遺族についてては当然としても、それ以外に京都市民、あるいは京都府民、あるいは一般市民、あるいは全ての人に対するものでなければならないのではないか。いわば「みんなのもの」を判断ミスで廃棄してしまったにもかかわらず、「遺族に対して失礼なことをした、悪かった」という、対遺族の問題、気持ちの問題に矮小化していると感じます。

でもこれは今の図書館の現状を映している象徴的な事件だと思います。だからこそ今日のお話の枕にしたわけです。唯一救いがあると感じたのは、廃棄処分したことについて京都市もこういうふうなコレクションを捨てるのは誤りだったと判断していることです。もし、開き直って「同じ本は他館にあるんだからいいじゃないか」と答えたなら絶望的ですが。

他にもいろいろなことを考えました。例えば、遺族は寄贈先の選択を間違えたのではないか。桑原さんの蔵書のうち、学術的に価値が高いものは京都大学にあるそうで、それ以外の1万冊が市に寄贈された。当初は、市の国際交流会館の中に、桑原武夫記念室という書斎を再現したスペースを作った。交流会館ができたのは桑原さんが亡くなった翌年ですから、ちょうどいいタイミングだったのかもしれません。台東区立図書館の池波止太郎記念文庫のように、地元にゆかりのある作家の書斎を再現したということかもしれません。

でも、寄贈先として、公共図書館や教育委員会というのは的確だったのだろうか。桑原武夫記念室を移した時に、どうも京都市内の各図書館のあいだで桑原蔵書の押しつけあいがあったようです。「ウチに持ってこられても困る」といわんばかりに、左京区、右京区、伏見区と転々としているのですね。京都市で持て余しているのだったら、「手に余ります」と正直に言って、京都府とか京都大学とか国とか、他にお願いすればいいものをと思います。

また、図書館や図書館員は、コレクションというものの意味が分かっているのだろうかとも考えました。図書館員は、1冊1冊の本については分かっているかもしれない。しかしそれがまとまってコレクションという形になったときの意味というものが、果たして分かっているのだろうか。分かっていないから、目録があれば代用できるという判断になったのではないか。目録があれば対応できるという考え方の根底には、本は単独で存在しているものだという思い込みがある。でも実際には本は1冊だけでは本ではない。1冊の本の背後にはその本を成り立たせていた本もあるし、その本から関連する本もあって宇宙のようになっている。個人コレクションとしての書物を見るおもしろさはそこにあります。

銀座一丁目に森岡書店銀座店という書店があります。いま大変話題の書店ですので、行ったことがある方も多いと思います。1冊（1タイトル）の本しか置かないという書店ですね。本は1冊しか置いていないのだけども、たとえば写真集であれば収録された写真のオリジナルプリントであるとか、その1冊の本に関連したグッズとか、いろんなものが置かれています。私が取材に行った時には、フラワーデザイナーの作品集が1冊だけ置かれ、壁面には作品集に収録された花の写真が展示され、著者であるフラワーデザイナーがアレンジした花が店内いっぱいに置かれていました。お客さんは写真集だけでなく、その花も買うことができる。食べ物の本を売るときは、一緒に食べ物も売る。その他、著者や担当編集者のトークイベントなど、いろんなことをしています。森岡書店は、売っている本は1タイトルであるけれども、その本に関連することを立体的に見せています。これは、「目録があれば対応できるでしょ」と廃棄してしまうのとは対極的な考え方だと思います。廃棄を判断した元副館長は、本と本の間に何があるかみたいなことは考えない人だったのだなと思います。

山形県の川西町という町の図書館に、井上ひさしさんの遅筆堂文庫があります。蔵書数22万点といいますから、小さな市の公共図書館並みです。井上さんがお元気だったころ故郷に寄贈され、今の町立図書館をつくる際にその一部を遅筆堂文庫にしました。というより、遅筆堂文庫の一部が町立図書館といってもいいくらいですが。遅筆堂文庫は誰でも閲覧できる開架の部分と、研究者等に向けた閉架の部分があります。特徴的なのは、井上さんが引いた傍線や書き込みだけでなく、抜き書きのある付箋なども、井上さんが使っていたときのままになっていることです。つまり、遅筆堂文庫の蔵書を見ると、井上ひさしという作家がどのように資料を読み、それを小説や戯曲に反映していったのかが手に取るようにわかります。

私は文学館が好きで、先ほども触れた浅草の池波正太郎記念文庫だとか、横浜の大佛次郎記念館とか、東大阪の司馬遼太郎記念館とかを見て回ったのですが、文学館の醍醐味は再現された書斎、とりわけ本棚の蔵書です。その人が書いた本は、それこそ目録でもいいわけですが、その人がどんな本を読んでいたのか、どんなふうに読んでいたのか、それがその人の作品にどうつながったのか、大いに興味をそそられます。ある意味、自然史系博物館のジオラマのようなものですね。

それを目録でいいじゃないかと考えるのは、たとえば水鳥の剥製をジオラマに配置するのではなく、水鳥の剥製を単体で展示する、あるいは写真パネルで代用するようなものだと思います。

書誌データに還元してしまえばそれでいいじゃないかという発想は、図書館が資料を収集するときにはありがちなことだと思います。例えば、全集があれば単行本も文庫もいらないなど。文庫が出たから親本の単行本はいらないという考えかたは、新刊書店でよくあることです。陳列するスペースの問題もあるし、文庫が出ると親本はあまり売れませんから。逆に、文庫と親本の両方を陳列していて、文庫が出ているのに気づかずに親本を買った客が怒鳴り込んでくる、なんていうこともあるそうです。「騙された」と。でも、同じ作品でも、単行本と文庫本と全集版とでは、本としてはそれぞれ別のものですよね。

出版業界では俗に「高村薫問題」などともいわれたりしますが、作家の高村薫さんは、単行本が文庫化される際に大幅に手を入れることで有名です。だから同じ作品でも複数のバージョンがある。雑誌に発表した作品が単行本になるとき、改めて手を入れるというのは、高村薫さんに限らずほとんどの作家がしていることです。作家の認識としては、文庫が定本なのでしょう。でも一度公表されたものは、作家の思いを超えて公共化されたものです。資料の収集と保存という観点からは、文庫や全集だけでなく親本も、書籍の元になった作品が掲載された雑誌も、保存すべきだと思います。本というのは、同じタイトルのものだから、同じ著者の同じタイトルだからといって、それが同一の作品であるとは限りません。あるいは、「本とはそもそも何なのか」といったとき、廃棄を指示した元副館長の考えている「本」は、コレクションとして見たときの「本」とは全く違っていたのだと考えることもできます。

## 図書館は何を収集し、どう残すのだろう

この事件の報道に接して、古美術関係の人から聞いた話を思い出しました。いま日本美術の古いもの、例えば茶道具なんかを、アメリカの大学や美術館、博物館がどんどん買っているのだそうです。昔は著名なコレクターや学者が亡くなると古書店が駆けつけ、大学図書館や博物館、美術館などに売っていた。ところがバブル崩壊後は、購入するのは日本の大学図書館や博物館、美術館ではなく、アメリカの大学図書館や博物館、美術館なのだといいます。国外にどんどん流出しているわけで、なんだか岡倉天心（１８６３―１９１３）の時代と同じですね。ところが、アメリカの某有名美術館が日本の古美術品を大量に購入したとき、箱を全部捨ててしまったというのです。骨董のことを少しでも知っている人なら唖然とする話です。骨董は箱があるかどうか、箱に由緒由来が書かれているかが大事です。中身の茶碗よりも箱の方に価値があるんじゃないかといわれるくらい。箱に極め書き、誰それがこれは本物だと鑑定した、誰が作ったとか、誰が名づけたかなどが書かれている。誰から誰の手に渡ったかということも書かれていることがある。しかも誰の手による箱書きなのかも重要です。＊花押が書かれています。ところがアメリカの美術館スタッフにとって、箱は単なるパッ

＊花押：「書き判」の意味の漢語的表現

ケージであり梱包資材に過ぎないから捨ててしまえ、ということだったのでしょう。日本の骨董について知っている私たちは笑ったり呆れたりするわけですが、桑原蔵書の廃棄を指示した図書館の元副館長も同じですよね。何という本がコレクションの中にあったかさえ分かれば、本そのものはなくてもいいんだと考えてしまった。しかし、逆にいうと、今回の事件が起きたことによって、たとえ他館と重複していようと、本そのものを残すこと、物理的に残すことがいかに重要か、よく分かったと思います。

今回の事件を伝える記事からだけでは、捨てられた本に桑原武夫の書き込みがあったのかどうかはわかりません。遅筆堂文庫の本のように、細かな書き込みや付箋があったのだろうか。それとも、読んだ気配がないものだったのか。古文書の研究をなさる方はよくご存じでしょうが、書き込みによって読み手の思考や変化が跡付けられるわけです。パルプに溶解されてしまえば、それが永久に失われてしまいます。

桑原蔵書問題から敷衍していくと、公共図書館の収蔵のありかたには不十分なところがたくさんありますね。例えば、カバー（ジャケット）を捨てるかどうか、帯を捨てるかどうかも、結構重要な問題です。「装幀、造本も含めて本である」という考え方があります。カバーも帯も含めて1冊の本であると。

『かいけつゾロリ』のシリーズを図書館の蔵書で読む子どもは気の毒です。「ゾロリ」の面白さが半分しか味わえませんから。「ゾロリ」シリーズを見たことがある方はよくお分かりのように、あの本はカバーをはずした表紙にもカバーの裏にも、いろんな工夫が凝らされていて楽しめるようにできています。ところがたいていの図書館ではフィルムでカバーもろともパックされてしまいます。図書館で利用する人は、作者が用意した本の一部しか楽しめないわけです。「ゾロリ」に限らず、装幀に工夫を凝らした本はいろいろありますね。あえてそう謳っていないので、気づかない人も多いけれども。しかし、そういう意匠も含めて本ならば、帯を捨てたり、カバーを捨てたり、あるいはフィルムでパックしたりするのは、本を十全なかたちで提供していることにならないわけです。

本とは、どこまでが本なのか。テキストだけが本であるのだったら、現物の保存は必要ない。電子データだけあればいいということにもなるでしょう。

国立国会図書館のデジタル化を取材したとき、「国会図書館のデジタルデータはなぜこんなに汚いのか」というはなはだ失礼な質問をしました。各ページの縁《へり》まで写りこんでいるし、ページの汚れもそのままです。私が＊自炊したって、もう少しきれいにできるだろうと思います。日頃Ｋｉｎｄｌｅの電子書籍に慣れている身にはたいへん読みにくい。ところが

＊自炊：本や雑誌をイメージスキャナー等を使ってデジタルデータに変換し、電子書籍化すること（『現代用語の基礎知識　2017』より）

国会図書館の人によると、縁のところはわざと残しておくとのことです。これぐらいの厚みのある本なのですよということが分かるように、版面だけデジタル化するのでなく、敢えて横の小口のところも開いた状態で見えるように残してある。それが国会図書館のデジタル化についての考え方なんです。印刷物は平面であり二次元のものだと私たちは思っているけれども、実際は厚み・奥行きを持った三次元のものです。国会図書館は、その三次元性をデジタルライブラリーでも再現しているわけです。だからあれは電子書籍ではなく、紙の本を撮影した画像です。デジタルにちょっと詳しい人は、国会図書館のデジタル化を馬鹿にして「あんな汚いの」なんていうけれども、本というのは版面にあるテキストだけではないのだと気づかされました。

われわれ利用者も図書館の現実についてもっと知るべきですね。図書館が提供してくれるのは本まるごとではないのだと知っておくべきです。書店で購入する本と図書館で閲覧する本は本質的に違うものなのだと。

図書館は何を収集すべきなのか。収集した資料をどう残すべきなのか。何となくイメージとしては共有しているようで、でも具体的かつ細かなことになると、それぞれ考え方が違っているのではないかと思います。いま行われている収集・保存の方法がいいのかどうか、改めて考えていく必要があると桑原蔵書事件をきっかけに思いました。

図書館関係者の方には失礼な言い方ですが、図書館員に資料の価値がどこまで分かるのだろうかという根本的な疑問もあります。資料を扱うことはできるかもしれないが、価値が分かっていて扱っているのかどうかというのは疑わしい。図書館司書課程など教育の中で、情報の処理の仕方は教えているけれども、書物が文化としてどういう価値を持つのかといった根本的なことを含めて、どういう教育がなされているのだろうかという思いも持ちました。

恐らくこのNPOでもさんざん議論されたことなのだろうと思いますけど、利用・提供ということに比べ、資料の収集・保存・研究といったことが置き去りにされがちなのではないかと感じます。収集にしても、どのような方針をもって収集するのか、どういう見識でもって収集するのかといったことを、充分議論しないまま個々の図書館が動いているのではないのだろうか。特に気になるのは保存と研究についてです。図書館は収集した資料をどのくらい研究しているのでしょうか。何件の利用がありましたとか、個人向け貸出・団体貸出はこういう実績ですというような研究はあるかもしれないけれども、収集した一つ一つの資料そのものについて、内容も含めて深く研究している図書館はどれくらいあるのだろうか。

それは収集と分類にも関わります。

こんなことがありました。あるジャーナリストがある雑誌に長いこと連載していました。ある程度の量がたまったら、その都度単行本にしていました。ここまではよくあることだと思います。ところが単行本を出した出版社は、本によって書名を変えていたんですね。雑誌連載のタイトルとも違う書名です。ある日、某区の区立図書館で彼の本を探しました。すると、本によって置いてある棚がまちまちなのに気づきました。確かその時点で3～4冊出ていたと思うけれども、それぞれ違うジャンルの棚にある。変ですよね、同じ著者が同じ雑誌にずっと連載しているエッセイをまとめた本なのに。たとえその著者のその連載を知らなくても、本の中をちょっと覗けば、初出は明記されているのですからわかることです。その図書館では内容を確認せずに分類・配架をしているようです。

カウンターにいた人に、どうやって本の分類と配置を決めているのか聞いてみました。すると「見た感じで」というのです。もう少し言いようがあるじゃないかと思いましたね。多摩と23区では、スタッフのありかたが違うようですので、一概にはいえませんが、公共図書館の職員の能力は様々ですね。個人差もあるでしょうが、利用者はそう思っていない。公共図書館なら誰でも一定水準以上の能力があり、それは専門家としての広い知識と深い見識に裏打ちされていると信じている。もちろん、国家試験をパスした医者だって藪医者もいれば名医もいる、弁護士だって優秀な弁護士もいれば悪徳弁護士もいる。まあ、悪徳司書というのは幸いにして聞いたことがありませんが。それにしても、図書館スタッフの知識・見識には個人差が大きい。

私たち本の書き手や読み手、図書館の利用者は、図書館というのは資料を半永久的に保存してアーカイブもしてくれる施設だという、理想というか幻想を抱いています。イメージと現実にはギャップがありますね。

もうひとつ今回の事件で「ああそうだったのか」と再認識したのは、資料の除籍についてです。図書館の資料について、残すか除籍するかを誰がどのようにして決めているのかがよくわかりません。その資料の所有者であるはずの納税者にも利用者にも明かさない、不透明な所で決まっているという印象です。桑原蔵書でいうと、重複していて置き場所もないから廃棄すればいいという判断だったわけですが、それが元副館長の一存で決まってしまった。もちろん除籍される本があるということは知っていましたが、もっときちんとした決定機関があるのかと思っていました。例えば除籍・廃棄協議会みたいなものがあって、そこでデータ等をもとに議論を交わしながら、「置く場所がなくなったから、涙を呑んで除籍しましょう」「いや残しましょう」と決まっていくのだと思っていました。それが意外と軽いというか、「場所がないし、重複しているし、データがあるからいいもんね」といった調子で簡単に捨てられていくのですね。

しばらく前から図書館資料の切り取りや破損が問題になっています。全国の図書館で学校に関する資料、学校史、運動会の写真などが破られる事件が起きています。あれも深刻な問題ですけども、でも安易な除籍・廃棄というのも、五十歩百歩かもしれない。

## 「蔵書を図書館に寄贈するよりも、古書店に売るほうがいい」と考える理由

桑原武夫さんは高名な学者でしたから、大学や自治体が蔵書の寄贈を受けましたが、桑原さんほどの学者の蔵書でも、寄贈された図書館では持て余してしまった。

時々「大量の蔵書をどうしたらいいだろうか」という相談を受けます。大学の教員をしていた夫が亡くなり、大量の蔵書が遺されて途方に暮れている人もいる。処分方法としては三つぐらいあります。一つは資源ゴミに出す、古紙回収業者に持っていってもらう。二番目は古本屋に売る。三番目は図書館とか学校に寄贈する。だいたい遺族は図書館に寄贈したいと言いますが、私は「それはおやめなさい」と助言します。あまり歓迎されませんから。余程珍しい本――明治初期以前の本であるとか、グーテンベルクの聖書だのケルムスコット・プレスの本だの、オリジナルのリトグラフがエディション入りでついている本――という場合だったら別ですよ。でも普通の学者が持っているのは、何千部も出回っているような一般書がほとんどですから、単なる古い本でしかない。私も図書館関係の友人・知人から、寄贈された本が現場にとっていかに困惑するかはさんざん聞いています。困ったことに、寄贈するほうはよかれと思って寄贈しようとするんですね。食費を削って買った全集とか、たぶん本が貴重

だった昔の記憶があるのでしょう。それともう一つは故人の顕彰とでもいいましょうか、墓がわり、仏壇がわりみたいな気持ちです。あわよくば故人の名前を冠した「○○先生記念室」みたいなものが図書館の一隅にできるんじゃないかと期待したりして。記念室とまではいかなくても、書架の一部に「○○文庫」なんて名前がついて寄贈者の紹介プレートがついたりする程度でもいいかな、なんて期待したりして。しかし現実には─図書館の現場の方には、釈迦に説法ですが─寄贈された資料を整理して閲覧できるようにするためには莫大な手間とコストがかかるわけですし、配架場所もまた頭痛の種になるわけです。よく聞くのは、有名大学の図書館の某所には、寄贈されたもののまだ一度も開梱されていない箱が何千箱と積まれているという話です。一種の都市伝説でしょうが、でも実際に関係者から聞いたことがあります。教官の退任時に、蔵書の寄贈を申し出られることほど辛いものはないと。

私は相談を受けたら「古本屋さんに来てもらいなさい」とお勧めしています。それは古本屋に売ればお金になるからという理由ではなくて、図書館に入ってしまうより、古本屋に売って古書市場に流れる方が、その本が活きる可能性が高いからです。図書館の倉庫で開梱もされずに眠っているなら、それは文字どおり死蔵です。誰にも読まれることがないなんて、本にとってこんな不幸なことはない。「死蔵されるくらいなら、パルプにされた方がまだましだ」とまでは言いませんが、古本屋の回路に入れば、インターネット革命の偉大なところで、必要としている人のもとにだいたいは届くようになりました。

ついでにいうと、ネットが普及してから、本を所有する意味が変わったように思います。以前は「もしかすると必要になることがあるかもしれないから」と考えて、できるだけ手放さずに手元に置いておく人が多かった。だから文筆業者は増え続ける蔵書と格闘する日々でした。いろんな人がそういうエッセイを書いていますね。蔵書のために家を借りたり建てたりする人もいました。でもそれはしょうがないことだった。手放した本に限って必要になることが多い、なんていう冗談もありました。でもネット書店とネット古書店、そしてオークションサイトや＊メルカリなんていうものまで登場してくると、必ずしも所有に拘らなくてもよくなりました。読み終えたら手放しても、また必要になったら、たいていは見つけられます。いざとなったら図書館もある。もちろん１００％とはいえないし、見つからない本も結構あるのですが。どの本が入手困難になるのか予想できないのが悩ましいところですね。しかし、この、所有にこだわらなくてもいい──私は「所有から体験への変化」と呼んでいますが──という個人レベルでの読書の変化は、図書館のありかたにもつながっていると思います。ひと昔前のベストセラーがブックオフで１００円のラベルが貼られて大量に売られる時

＊メルカリ：スマートフォンを利用して、誰でも物品の売買ができるアプリ

代、図書館は何を収集・収蔵し、利用提供していくべきなのか。新潮社の佐藤社長や石井役員が複本問題に関連して主張したのとはちょっと違う意味で、公共図書館がわざわざ税金を使ってベストセラー本を多数購入する必要はあるのかどうか考えなければならないと思います。もっとも、ひと昔まえのベストセラーがブックオフで１００円均一、という状況もいつまで続くかはわかりませんが。

ここで、古書店の機能というものを考えてみたいと思います。「まんだらけ」という、中野ブロードウェイに本拠地のある漫画専門の古本屋があります。今は全国に漫画専門書店がありますし、漫画専門の古書店もありますが、１９８０年代初めに「まんだらけ」が登場するまで、漫画には古本市場でほとんど値段がつきませんでした。買い取らない店が多かったし、買い取り値段もまちまちで、多くは二束三文でした。値段がつかなかったために、体系的な収集や保存はほとんどされてきませんでした。内記稔夫《ないきとしお》さんが散逸していた貸本漫画を中心に収集して現代マンガ図書館を設立したり、コミックマーケットの創始者でもある評論家の米沢嘉博《よねざわよしひろ》さんが個人的にコレクションしたりということがわずかに行われていただけでした。その後、内記さんと米沢さんのコレクションを基に明治大学の米沢嘉博記念図書館が作られました。今でこそ、京都精華大学と京都市による京都国際マンガミュージアムや、明治大学の米沢嘉博記念図書館などで体系的に収集されるようになりましたけども。「まんだらけ」を作った古川益三《ふるかわますぞう》さんが偉大だったのは、相場が確立していない漫画本に体系立てて値段を付けたことです。稀少で重要なものは高く、そうではないものは安く。「まんだらけ」の登場によって古本漫画の相場ができ、流通するようになりました。流通すると、残るようになります。単純にいうと、いままで捨てられていたものが古本屋に売られ、市場で取引され、古本屋の店頭やネット古書店で売られるようになったのです。「まんだらけ」の登場は画期的でした。

面白いことに、古川益三さんは古書店主である以前に漫画家でした。水木しげるさんのアシスタントをしていた時期もあり、70年代は雑誌「ガロ」に「紫の伝説」という非常に詩的な作品を発表していました。安倍《あべ》慎一《しんいち》、鈴木《すずき》翁二《おうじ》、古川益三の三人を「『ガロ』の一二三トリオ」と呼ぶ人もいます。芸術的な漫画、前衛的な漫画の作家ですね。その古川益三さんが、漫画だけでは食べていけないので、京王線の国領駅近くで漫画専門の古本屋の、最初はアルバイトだったけれども、後に共同オーナーになる。それが80年ごろで、それからまもなく中野ブロードウェイに「まんだらけ」を出して大成功しました。貴重なものには高い値段をつけました。例えば、手塚治虫の『新宝島』に300万円という一般の稀覯本並みの値段です。具体的な値段がつくと、漫画にさほど関心がない人でも気になります。田舎の倉に押し込んでおいたお父さんが子どものころに読んだ漫画、もしかしたらお宝本があるかも、なんていう気になります。古川益三が漫画に値段を付けたことによって、漫画が残るようになった。ちゃんと回収されて、古書市場で読みたい人に届くようになった。

芸術家肌の漫画家というとお金儲けとは縁遠いイメージですが、古川さんの「まんだらけ」はビジネスとしても成功しました。しかも普通の古本屋とはかなり違ったやりかたで。例えばコスプレ店員。店員が漫画やアニメのキャラクターに扮して接客したり。ゴルゴ13やルパン三世がレジを打っている。古川さん自身もかなりユニークなキャラクターです。何度か取材したことがあるんですけど、「永江君、この世界って何次元だと思う?」とまじめな顔をして聞くんです。「空間だから三次元じゃないんですか。そこに時間を足して四次元でしょうかね」とこちらも真面目に答えると、「違うんだよ。四・五次元なんだ」と言われました。もうひとつ、「永江君、ライターなんか辞めて、古本屋を始めなさいよ。3坪の店から始めて、3年間で都内に一戸建ての家を持てるようにしてあげるよ」と誘われました。一戸建てはともかく、古書店主になるのもいいなあと心動かされるものがありましたが、あいにく漫画に詳しくないのでお断りしました。古川さんに倣えば、価値の無いものに価値を付ける、いわば無から有を生み出す価値の創造が古本屋の仕事です。そして、これは新刊書店にも図書館にもできないことです。

だから私の持論は「亡くなった家族の蔵書を処分する際は古本屋さんに委ねなさい」。買取価格は二束三文かもしれないけれども、古書市場に出すことによって、本が、必要としている人に届きます。そして、誰にも必要とされていないものは廃棄される。その循環の中で、ある本は新たな生命を得、あるものは死んでいきます。たとえゴミのように見えるものであっても値段さえ付ければ流通し、価値が生まれていきます。そもそも古本市場の中では様々なものに値段がつけられます。神田の古書会館で取引されるものを見ても、書物だけが取引されているわけではありません。絵はがきや個人のアルバム、手紙などにも値段がついて取引されます。

では、図書館は価値創造の場になり得るだろうか。その場合は、収集した資料が価値を生み出すというよりも、資料を提供することによって、何かを生み出すと考えたほうがいいでしょう。昨今言われる課題解決型の図書館、ビジネス支援型の図書館は、資料を提供することによって新たな価値を創造していくという考え方ですよね。鳥取県立中央図書館の活動はまさにそうでしょう。図書館のスタッフが地元の企業の代わりに東京に来て、調べていく。

それを地元の企業に還元して、地元の企業活動のプラスになればいいんだという考えかたです。もちろんスタッフが鳥取から東京まで来て調べて帰るにはそれなりのコストがかかり、それは税金でまかなわれるわけです。図書館が価値を創造していく。

資料収集機関としての図書館も、新たな価値を創造できるのではないだろうか。図書館が資料を収集・保存し、その資料を情報化してビジネスにできないだろうか。多摩デポがビジネスをしていく。お金儲けをしていく。組織としてはＮＰＯではなくてむしろ株式会社の方がいいかもしれない。集めた資料を使ってどんどんビジネスをやり、人を雇用してガンガン利益を出していってもいいのじゃないかと、無責任な外野としては思ったりします。

## 新刊書店、古書店、図書館　それぞれ役割が違う

鳥取県立中央図書館のビジネス支援は時として美談のように語られますが、感心すると同時に、図書館の人たちは「本に関することなら、なんでも図書館がやらなくては」というふうに考えすぎではないだろうか、とも感じます。例えば、図書館関係者から「図書館に新刊書店のノウハウをどうやって反映させたらいいか、いいアイデアはありませんか」と相談されることがあります。ツタヤ図書館の影響もあるのかと思いますが、とにかく華々しいことをやって、メディアにも取り上げられて、利用者が増えるといいということなのでしょう。でも、それは利用者が図書館に求めていることとはちょっと違うのじゃないでしょうか。書店がやっていることはすでに書店がやっているんだから、書店にまかせればいい。新刊書店と古書店と図書館とはそれぞれ役割が違っているし、そこに文学館や博物館、美術館を加えてもいいと思いますが、それぞれやれること、期待されることは違うはずです。そういえば「図書館より、もっと図書館」というのがジュンク堂のメガストアのキャッチフレーズでした。池袋や堂島にジュンク堂ができたとき、その専門書の品揃えを見て「並みの図書館よりもはるかにすごいな」と思ったのは確かです。しかし、よく考えると、新刊書店は新刊書

店、図書館は図書館でいいんじゃないか、新刊書店が図書館になる必要はないし、図書館が新刊書店のまねをする必要もないと思います。それぞれ役割が違うんだから。桑原武夫蔵書問題から考えていくと、文学館と図書館と博物館も、これまた似ているようでやっぱり違います。

先ほども言いましたが、私は文学館が好きで、地方に行くときは文学館も訪ねます。文学館は入場料を払わなければならないところが多いからでしょうか、大抵ひっそりと静かで、時間をかけて見ていくと本当に面白い。

文学館が面白いと思うようになったきっかけは道後温泉の松山市立子規記念博物館に行ったことでした。実は、行きたくて行ったわけじゃないんです。道後温泉に行ったら台風で閉じ込められてしまい、高速道路も通行止めになって、どこにも出かけられません。暴風雨の中、行ける場所はホテルの隣にあった子規記念博物館だけでした。その頃、正岡子規に興味はなく、全く期待しないで行ったのですが、これが面白かった。正岡子規の生涯が、パネルやビデオで再現されていて、子規と漱石の関係も細かく再現されています。正岡子規と明治という時代がどういう関係だったかもよく分かる。なかでも岸田森《きしだしん》が子規を、佐藤オリエがその妹を演じた、晩年の子規を描いたドラマ『わが兄はホトトギス』は印象深く、わたしの頭の中では正岡子規というと岸田森のイメージになってしまったほどです。

それ以来いろんな文学館に行くようにしています。東大阪の司馬遼太郎記念館にも行きました。司馬遼太郎は土地の人の誇りで、ガイドなどをするボランティアの登録者が２００人以上もいるそうです。大阪樟蔭女子大学の図書館の中にある田辺聖子文学館もたいへん面白い。現役作家の文学館でありながら、田辺文学が立体的に分かるようになっています。

文学館に行くと、その作家の文学世界がどのようにしてできたのかがよく分かってきます。図書館で作品を読むだけでは分からないことも、文学館だと見えてくることがあります。茅ヶ崎にある開高健記念館は開高邸をそのまま保存して公開しています。開高の書斎は離れのようになっているのだけれども、母屋を通らず、書斎に行ける道が庭の中にあるんですね。開高は「哲学者の小径」と呼んでいたそうですが、それは何なのかというと、奥さんだった牧羊子さんが怖くて、母屋を通らずに書斎に行きたかった。開高さんは豪放磊落なイメージですが、かなりの恐妻家だったようです。どっしりした容貌で、いつも釣りばっかりやって陽気に見える開高健が、実は繊細な人で、奥さんが怖くて怖くて仕方がなかったんだみたいなことが、開高健の文学館に行くと体験できます。あるいは横浜の大佛次郎記念館に行くと、大佛次郎がなぜフランスのドレフュス事件に夢中になったのかも具体的にわかる。

それは文学館の面白さであって、同じ機能を図書館に求めるのはちょっと違うのではないかと思います。同様に博物館の面白さというのも、図書館のそれとは違っているわけですよね。文学館の面白さは文学館に任せ、博物館の面白さは博物館に任せればいい。冒頭の話に戻ると、そもそもの間違いは桑原武夫の蔵書が公共図書館に寄贈されたところにあるのだと思います。

もうひとつ、私は、図書館の人が思うほど新刊書店に魅力はないと思っています。新刊書店の品揃えは薄っぺらです。だって、置いてある本は最近出た本ばかりで、入荷してある程度の時間が経過すると返品してしまうシステムですから、これはしかたありません。例えばジュンク堂池袋店のような、「図書館よりも、もっと図書館」を標榜するメガストアでも、店頭に並んでいる本の平均滞留時間は1週間程度だといいます。これはかつて副店長だった中村文孝さんから聞いた話です。ただしきちんと計測したわけではなく、だいたいの感触ですね。どの本も1週間並びますということではありません。あくまで1タイトルの平均です。入荷した箱を開けた途端、「これは返品だ」というような本もあれば、最近なら村上春樹の『騎士団長殺し』のように発売されてから長く売れ続けているような本もある。いろいろ均して大体1週間だといいます。もっとも、池袋のジュンク堂の場合は、入荷してすぐ返品してしまう「即返」は原則としてないそうですが。

同じことを早稲田大学生協ブックセンターの元店長で今は全国大学生活協同組合連合会本部にいる射場敏明さんに質問したら、早稲田大学生協ですら平均1か月だといいます。大学生協という、専門書をたくさん置いている書店でも、新刊本が並んでいる平均時間というのは1か月しかないそうです。だから他の一般書店は推して知るべし。売り切れて補充しなかったり、委託期間が終わる前に返品したりして、結果的に発行された時期の時間的奥行きでいうと新刊書店というのは薄くなってしまっています。一部の「常備」や「長期委託」などを除くと、ごく最近出た本しか並んでいません。それにもかかわらず、なぜ図書館が「新刊書店のアイディアを入れなきゃ」と、駆り立てられるように思ってしまうのか。それはやっぱり、「もっと利用者を増やさなければ」とか、「もっと話題にならなければ」とか、おかしな焦燥感があるようです。それは市町村議会の議員に図書館の現状を説明するとき、利用者数や貸出冊数といった数字でしか示しようがないからだと思いますが、そう考えると図書館現場のスタッフは気の毒です。もっとどっしり構えて、収蔵している本についてコツコツと研究するという態度でいいと思うのですが。

自民党のある見識のない閣僚が、「学芸員が博物館・美術館を観光資源化するときのガンだ」といった薄っぺらな発言をしましたが、そんなことはどうでもいい。図書館と新刊書店は違うんだということを自信を持ってやっていくべきだと思いますし、そのためには需要を優先するだけではなくて、収集と保存と研究についても、もっとエネルギーを注いで行くべきだと思いますね。読書推進運動にしても、新刊書店のない町村だから図書館を充実させるだけでなく、むしろ新刊書店や古書店も営業可能になるような経済的な環境づくりが必要だと思います。

## 出版産業のどこが危機なのか

今日の副題は「出版産業の危機のなかで…」とついていますが、出版産業が危機じゃなかった時代ってあるんでしょうか。今振り返ると90年代の半ばが新刊市場のピークで、それまでは近代的な出版産業が始まって以来100年以上に渡って市場が拡大し続けてきたわけですが、その間も「危機だ、危機だ」と言い続けてきました。

じゃあ、今どこがどのように危機なのか。そこのところは意外と煮詰められないまま「危機だ、危機。みんな言っているから危機だ」みたいな感じになっているような気がしなくもないですよね。新刊市場が収縮していることと、出版産業が危機だということと、いわゆる「読書離れ」が起きているのではないかということ、それぞれ別次元の三つが、ごちゃごちゃに語られているんじゃないでしょうか。「たいへんだ、たいへんだ」とただ騒いでいる人を見ると、「そういうお前の頭の中の方が、よっぽど危機だよ」と言いたくなります。少なくとも新刊市場が収縮するということと出版産業が危機だということは、全く違うことです。

市場が収縮している業種は出版に限らずたくさんあります。そこがみんな危機に陥っているかというとそうじゃなくて、縮小しながらも均衡している。つまり需給バランスの均衡が崩れていることが危機なのであって、市場縮小そのものが悪いわけではありません。縮小していく市場に合わせたビジネスを出版界が構築できていないことが危機なんです。もっとひどいのは、「新刊市場が縮小しているイコール読書離れが起きている」という短絡思考です。よく言われるのが「電車の中を見回すと、みんなスマホを見ていて、本を読んでいる人はほとんどいなかった」なんて話。デジタル化によって急激に進んだライフスタイルの変化を「活字離れ」「読書離れ」という言葉に安易に結びつけているのでしょう。そのスマホで読んでいるのは新聞かもしれないし、雑誌かも、コミックかも、小説かもしれない。スマホだからといってＬＩＮＥとは限りません。ちなみに私は、電車の中でたいていＫｉｎｄｌｅかｉＰｈｏｎｅで電子書籍を読んでいます。

これもあちこちで書いたので詳しく繰り返しませんが、例えば毎日新聞社が１９４７年からやっている読書世論調査を見ると、読書率はこの半世紀ほとんど変わっていません（図①②）。「本を読んでいますか」という問いに、「読んでいます」と答えている人の割合はほとんど変わらない。むしろ、50年代、60年代と比べて高いくらいです。決して日本人が本を読まなくなったわけではない。これをいうと「その調査は自己申告でしょ」という人がいます。確かにそうです。読んでいないのに「読んでいます」と言っているかもしれない。これ

図① 読書世論調査　2017年調査

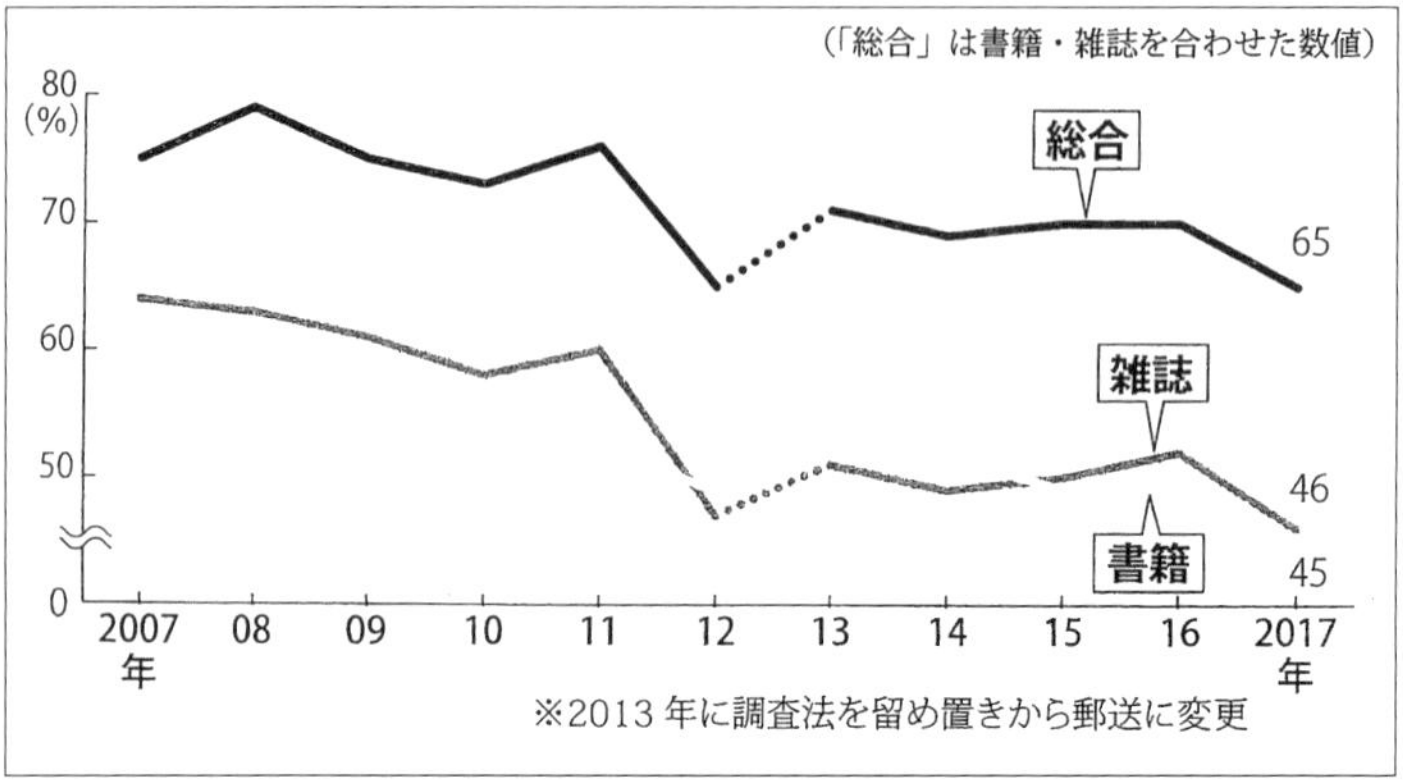


図② 読書世論調査　1959年調査

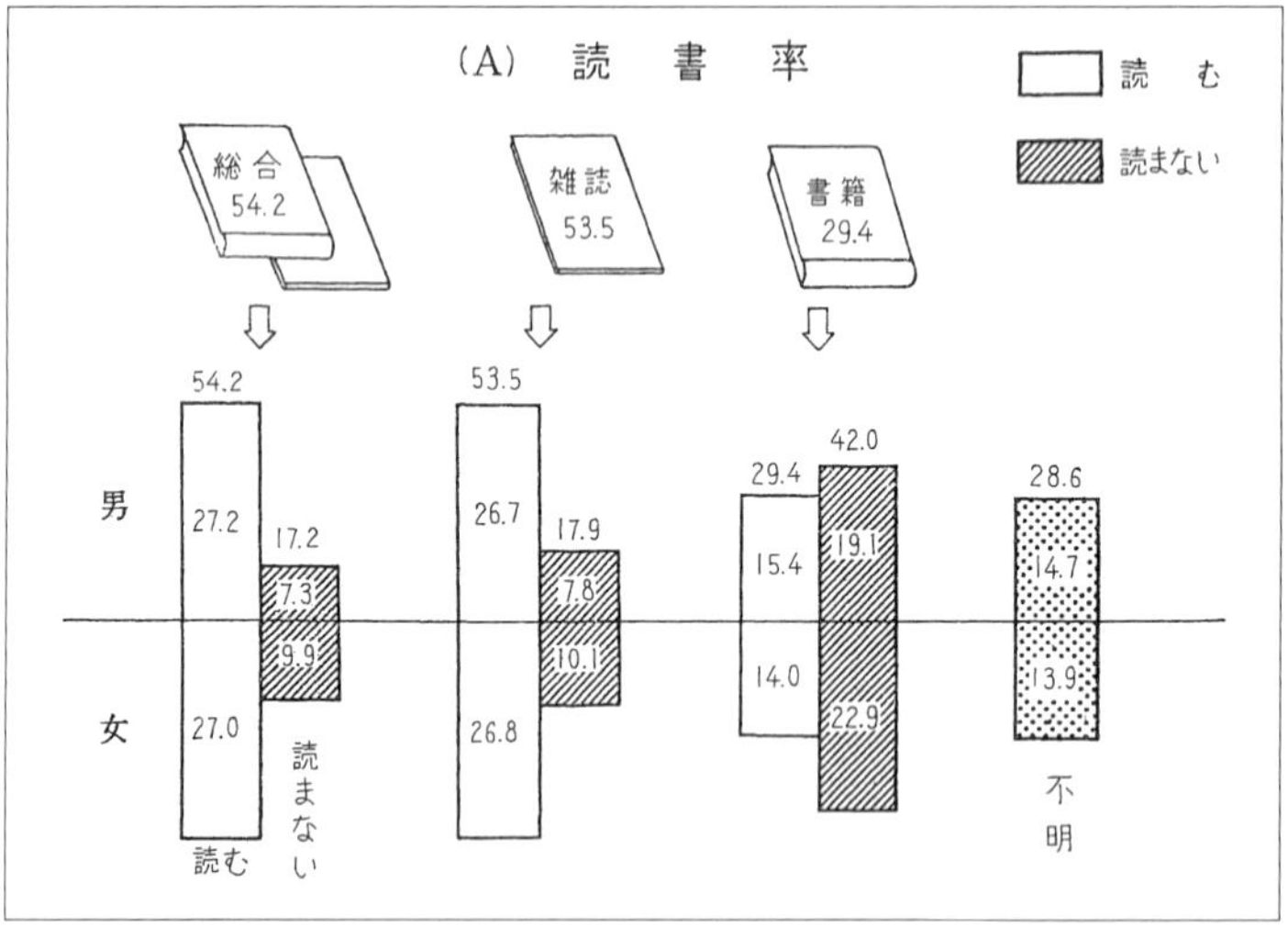

が「あなたの周りの人は本を読んでいますか」なんていう設問だったら違う結果かもしれません。でも残念ながら、そういう統計はとっていないから分からない。少なくとも、戦後ずっと続けられている世論調査では、自分は読んでいると思っている人の割合は変わっていないのです。

それでも「いやいや、そんなことないでしょ」という人もいます。では別の数字を見てみましょう。出版科学研究所が出しているデータ（図③）ですが、ここ最近の1年間に販売される書籍の冊数の数字を見ると、１９７５年とほぼ同じであるとわかります。１９７５年は6億３２２２万冊で、２０１５年は6億２６３３万冊です。いちばん多かったのが１９８８年で9億４３７９万冊です。60年代からどんどん増えていって、88年をピークにその後は減り続けています。これだけ見ると「ほら、新刊書が売れなくなっているじゃないか。やっぱり読書離れが起きているのだ」といいたくなりますが、じゃあ、人口はどうだろう。そこで総人口ではなく15歳から64歳までの生産年齢人口がどのように変化したかに注目します（図④）。いわゆる現役世代ですね。なんと２０１５年の生産年齢人口と１９７５年の生産年齢人口とがほとんど同じだということに気づきます。人口動態統計等を見ますと１９７５年の労働人口は７５３８万人で２０１５年は７５８０万人です。労働人口のピークは１９９５年

図③書籍の販売部数

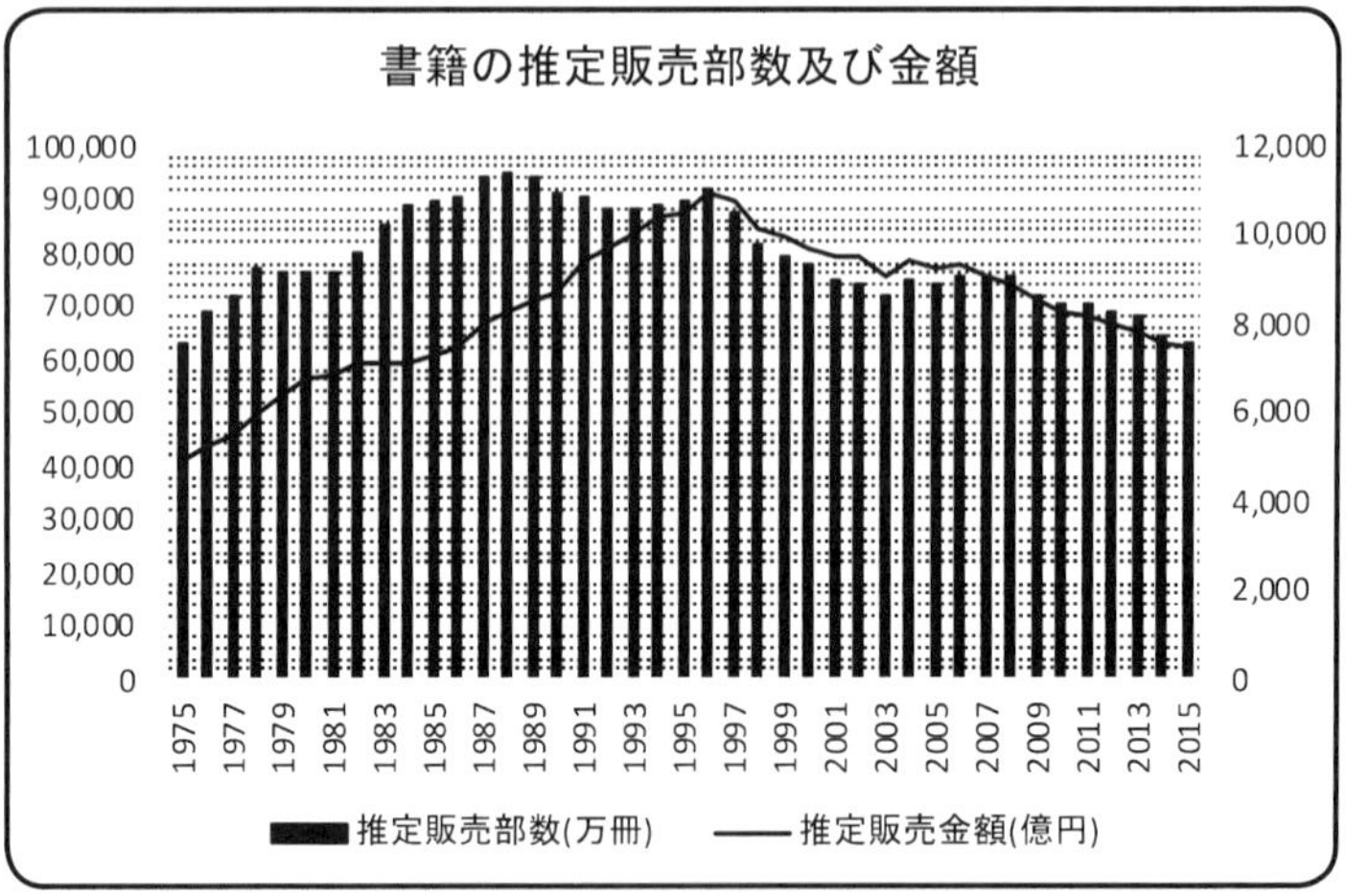


『出版指標年報』2018年度版より作成

図④ 生産年齢人口

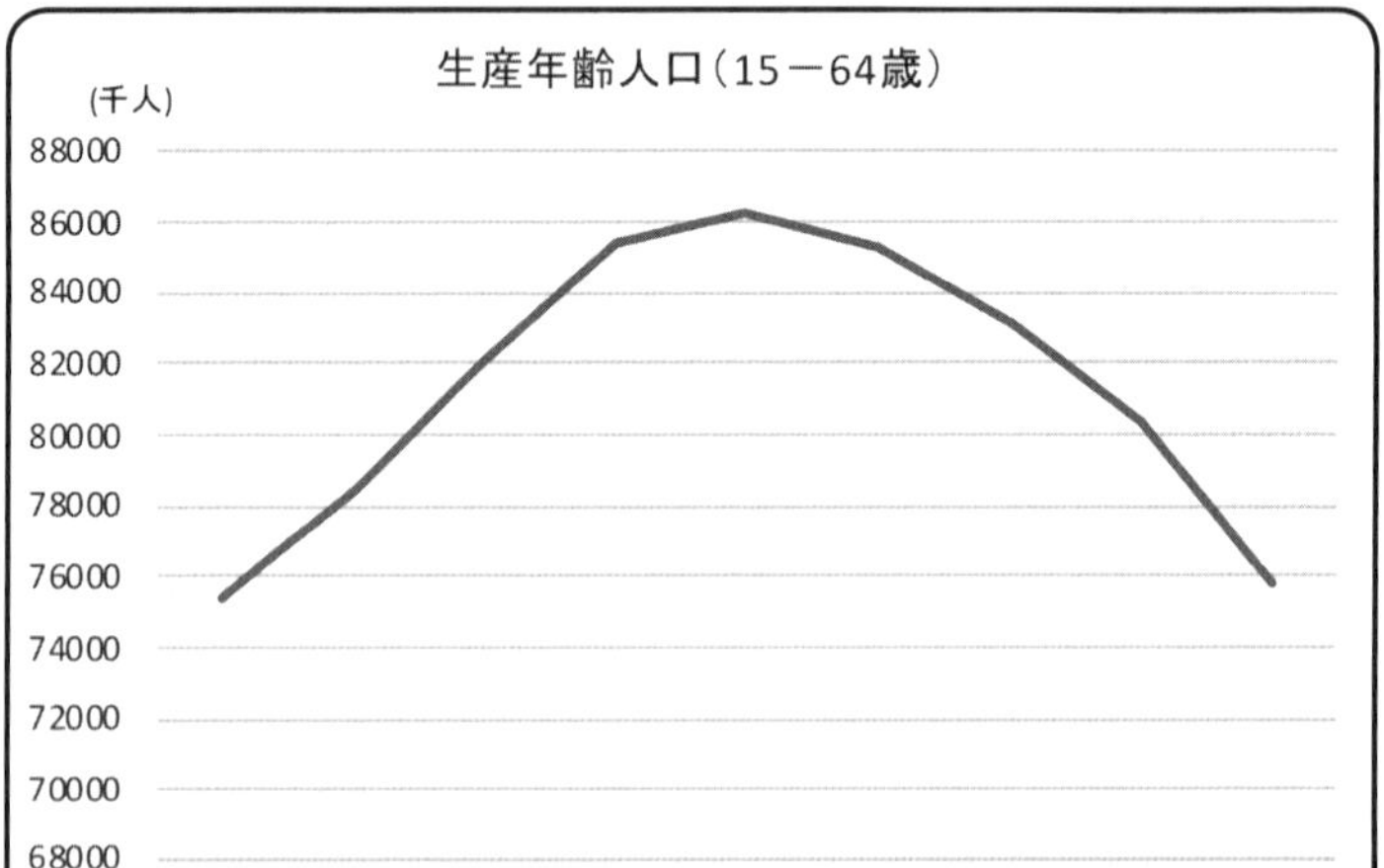


『人口動態統計』平成28 より作成

で８６２３万人です。ということは、現役世代１人が1年間に買う書籍の冊数は40年前と大して変わっていないということです。生産年齢人口のカーブと新刊書籍の販売部数のカーブが、完全に一致するわけではないけれども、新刊書籍の販売には労働人口と相関関係がありそうだということがわかります。「読書離れ」とは何を根拠にいっているのだろうか。

一方、読書環境は大きく変わりました。まず新刊市場だけが本の市場ではなくなった。大きいのは90年に誕生したブックオフに代表されるリサイクルショップ型の古書店です。ブックオフによって開発された古書市場―出版界の一部では、従来型の古書店が売る古書と区別して「中古本」と呼んでいたりしますが―が大きなマーケットになりました。一番大きな書店がブックオフだという町も珍しくありません。なにしろ２度目に経営破綻した青山ブックセンターを救済したのはブックオフですからね。

電子書籍も紙の書籍・雑誌の新刊市場には表れません。とりわけコミックでは無視できない規模になっていますし（２０１７年、コミック単行本は電子版の販売額が紙版を抜きました）、電子書籍版雑誌の定額読み放題サービスの利用者も拡大しています。たとえば「ｄマガジン」の会員数は３００万人を超えています。

公共図書館は数が増えただけでなく、休館日を減らしたり、利用時間を伸ばしたりしている。ＯＰＡＣの整備もあり、75年頃とは全く異次元レベルの使い良さになりました。その結果、２０１０年には図書館の個人向け貸出冊数が新刊書籍の販売冊数を抜くという事態にもなりました。

こう考えると、日本の市民が本に触れる機会は、75年頃に比べるとはるかに多様かつ数多くなっています。また、福岡の「ブックオカ」をはじめ、ブックイベント、読書イベントは全国で活発に行われていますし、読書会や朗読会、ビブリオバトルや一箱古本市など、読者主導のイベントも活発です。「出版産業の危機」という時、その「出版産業」とは何を指しているのか、よく考えなければなりません。新刊書が売れないという現象があり、書店がどんどん閉店している事実もある。しかし、それを「国民が本を読まなくなったからだ」と決めつけて、読書推進運動さえすれば改善するかのように思い込むのは単なる思考停止でしょう。今、「出版産業の危機」と言われていることは、市場の変化に対して出版社と新刊書店、そして取次が、うまく対応できていないという単にビジネスの失敗に過ぎません。

一方で、労働人口が減り、書籍の販売部数も減っているのに、新刊発行点数は増え続けました。ここ最近やや減りつつありますが。75年の新刊発行点数は2万２４３５点でした。２０１５年は7万６４４５点です。88年は3万７０６４点。１９７５年と２０１５年の販売部数はほぼ同じなのに、発行点数は3倍以上に増えています。ということは書籍一点あたりの販売部数は3分の1になったということです。これはミクロで考えるとかなり深刻な事態です。というのも、仮に40年前と同じ数の出版社があるとすると、同じ部数を売るためには3倍の新刊を出さなければいけない。つまり、編集者の数が同じなら、一人の編集者の仕事量は3倍になる。あるいは一人の作家が40年前と同じ生活水準を保とうとしたら3倍のスピードで原稿を書かなければならないということを意味します。

返品率を見ますと、75年は29・6％、15年は37・2％です。返品率40％とは、100冊納品して、40冊返品されるということです。ところが、書籍の損益分岐点は80％ぐらいに設定している出版社が多いようです。初版の八割以上が売れてなんとか黒字になる。返品率40％、実売率60％ということは、採算割れの本がいかに多いかということです。

なぜ人口減少と市場収縮にあわせた本づくりができないのか。これまであちこちで書いてきたことの繰り返しになりますが、再販制（定価販売制度）と委託制（返品条件つき仕入）のマイナス面が出ているのだと思います。出版社は目先の売上のために安易に本を作り、書店は資金繰りのために安易に返品する。出版社も書店も自転車操業状態になっていて、出版物は業界内地域通貨といいますか、一種の偽金のようになってしまっています。出版社にとって1冊1000円の本は現金680円と同じです。書店にとっては760円と同じです。目先のお金がほしいために本が出版社と書店の間を行き来している。編集者は疲弊し、販売する書店員も疲弊しています。どう考えてもこんな状態が長く続けられるとは思いません。

最近、『日本の時代をつくった本』（WAVE出版）という本の監修をしました。本を作る過程で改めてこの150年あまりの日本の出版産業を振り返りつつ思ったのは、出版流通システムの制度疲労です。100年余り前に博文館が東京堂書店を作って近代日本の出版流通を確立した時から現代に至るまで、日本の出版流通は雑誌に書籍がパラサイトする形でやってきました。とりわけ1960年代以降は、ファッション雑誌とコミックがそれに乗っかって大成功します。50年代の末から出版社系の週刊誌や少年向けコミック誌が登場し、68年には『少年ジャンプ』が創刊されます。週刊誌、ファッション誌、コミック誌の主要な読者は戦後のベビーブーマーです。つまり家電や自動車と同じく巨大な人口ボーナスが出版界にももたらされました。ファッション誌とコミック誌は非常にうま味のあるビジネスです。ファッション誌は販売収入だけでなく広告収入があります。バブル期には広告で雑誌が膨れあがり、1冊1000グラム以上の雑誌も珍しくありませんでした。コミック誌からはコミックス、つまりコミックの単行本が生まれます。このコミックスの売れ方はすさまじい。たとえば『ＯＮＥ　ＰＩＥＣＥ』の初版部数は４００万部です。累計ではなく初版ですよ。文芸書では４０００部も刷ればいいほうですから、その１０００倍ですね。ちなみに出版の統計では、コミックスは雑誌に含まれます。

某大手総合出版社では、ある少年コミック誌１誌とその連載から生まれるコミックスの売上額が、その出版社の全書籍の売上額よりも多いそうです。文芸書や専門書や辞書はコミックと女性ファッション誌の支えがあったからこそ発行してこられた。つまり、「一ツ橋・音羽」などと呼ばれる日本の大手総合出版社の経営を支えているのは、コミックであり女性ファッション誌なのです。近代日本の出版流通、とりわけ物流は、このように大量生産大量消費される雑誌を全国津々浦々の書店に届けることを目的に構築されました。「出版は東京の地場産業である」という言葉があるくらい、近代日本の出版社と印刷会社・製本会社は首都圏に集中しています。出版流通網は首都圏で作った雑誌を全国に届ける、しかもできるだけ同時に届けるように整備されてきました。書籍はこの雑誌流通網に便乗する形で流通してきました。便乗ですから、書籍の流通コストはあまりかかりません。日本の書籍の値段は他の先進国と比べて異常なほど安いのですが、それが可能なのは雑誌流通に便乗してきたからです。

ついでにいうと、昔から本が安かったわけではありません。今年は岩波文庫が始まって90

年ですが、岩波茂雄が岩波文庫創刊を思い立ったのは＊円本ブームがあったからです。今も岩波文庫の最後のページには「読書子に寄す」という発刊の辞がありますが、円本ブームに対する怒りがストレートに記されています。で、この円本ブーム、文学全集を1冊1円で予約販売して爆発的ブームとなったわけですが、当時の1円は現在のいくらぐらいの感じか。そば・うどんが1杯10銭ぐらい、理髪が30銭、巡査の初任給が45円。単純な比較は難しいけれども、現在の5000円から高めに見積もって1万円ぐらいでしょうか。それが当時の人には激安だと感じられてブームになった。それに対して、最近、今の時代に異例のヒットだと話題になった河出書房新社の池澤夏樹個人編集『世界文学全集』は1巻だいたい3000円ぐらいですね。90年前の半額から3分の1ぐらいの値段になっているのではないかと思います。繰り返しますが、書籍の値段を安くできるのは雑誌の流通に便乗して流通コストがかからなかったからです。

しかし、それがもう維持できなくなりました。2016年の出版統計では、ついに雑誌の販売額が書籍のそれに抜かれ、41年ぶりに書高雑低となりました。単純に雑誌が売れなくなりました。冒頭で『少年ジャンプ』がついに200万部割れといいましたけども、『少年マガジン』は既に100万部を割っていますし、『少年サンデー』に至っては30万部を割って

＊円本ブーム：改造社が関東大震災後の1926年から1冊1円という価格で発行した『現代日本文学全集』を口火に、各社が競って同様の刊行を行った

います。もっとも200万部、100万部、30万部というのは一般の週刊誌と比べるととてつもない数字なのですが。

雑誌が売れなくなった理由も単純ではありません。大きいのは人口減少。先ほども言った15才から64才までの、いわゆる現役世代の人口が減っています。書店の減少も大きいでしょう。1990年代半ばには2万3000店あったと言われる書店は1万2000店ほどに減り、半減です。閉店していった書店の多くは小さな店です。また、ジュンク堂に代表されるメガストアが全国の都市に登場し、周辺の中小零細店が淘汰されていきました。書店を見ると、規模が大きくなればなるほど、売場に占める雑誌の比率が少なくなります。例えば、私鉄沿線の駅前商店街にある売場10坪の書店なら、半分ぐらいは雑誌でしょう。そしてコミックスと文庫。ところが池袋のジュンク堂を見てもわかるようにメガストアのなかの雑誌・コミックスはごく一部です。10坪の書店が100店あるのと、1000坪のメガストアが1店あるのとでは、売場の総面積は同じですが、そこに占める雑誌売場の面積は全く違います。読者としても、雑誌1冊を買うのに、わざわざターミナル駅のある大きな町の大きな書店まで足を運ぼうという気にはならないのではないでしょうか。会社や学校の帰り、ついでにふらりと立ち寄ってファッション誌や週刊誌を立ち読みし、コミック誌を買うという習慣がなくなっていってしまった。確かにコンビニは増え続け、今や大手7社で5万5000店以上あるわけですが—そして、コンビニへの雑誌配送が、出版物流の大きな問題となっているのは皮肉なことですが—コンビニの品揃えは購買意欲をくすぐるものではなく、とても書店の代わりになるとは思えません。

また、インターネットの登場とそれに次ぐスマホの登場は言うまでもありません。情報の入手ならネットで充分になった。スマホならいつでもどこでも見られますし。例えば、ファッション情報を手に入れたかったら、ファッション専門のサイトをいくつかブラウズすればいい。有名ブランドのコレクションなんか、ネットのほうが詳しく見られます。70年代、80年代は映画を見る時はまず『ぴあ』（月刊→隔週刊→週刊→隔週刊　40巻16号（2011年8月4・18日号）で休刊）をめくっていました。今は、スマホで上映館や上映スケジュールを調べる。それも音声入力で。

しかしこれは、雑誌の内容まで必要なくなったということとは違います。先にも触れたように「dマガジン」はじめ定額読み放題で電子書籍版を読んでいる人はいますし、コミックスの電子書籍版が紙版を抜いたということは、雑誌・書籍の中身、いわゆるコンテンツにはニーズがあるということです。しかし紙の雑誌はもう時代にそぐわなくなってしまっている。読者も減り、広告主も出稿先を紙の雑誌からネットへと変えています。

書籍の読者は減っていない、読書離れも起きていないと言いましたが、新刊書籍の流通を支えていた出版流通システム、取次を軸にした出版流通システムは、時代の変化、社会の変化に対応できずに崩壊しかかっていると思います。

出版界はこの何十年も流通改革だの何だのと言ってきました。例えば、かつて「須坂構想」なんていう計画もありました。長野県で書店チェーンを展開する平安堂の平野稔さんが「書店に本が届かない原因は業界で物流システムを構築しないことにある」、「長野県須坂市の郊外に広大な土地を買って、そこに印刷・製本、それから共同在庫倉庫、出版界の流通基地を作ろう」と提案し、実際に須坂市が土地を提供しましょうというところまでいったのに、いつの間に立ち消えになってしまった。その後、小規模な実証実験はいろいろありましたが、根本的な改革はないままここまで来た。

最近になってアマゾンが注文品のバックオーダーを止めると最後通牒を突き付け、日販や出版社があわてふためいています。流通システムの根本には手を入れず、その場その場で小さいパッチを当てるようにして凌いできたけれども、もう制度は耐用年数をすぎてしまった。ですから、「出版産業の危機」というよりも、「出版流通システムの危機」というほうが正確でしょう。言い換えると、流通システムさえ改善できれば、本は生き延びられる。取次に依存してきた流通が、今、終わりかけている。

レジュメに「もっと深刻な問題が」と書きました。出版産業にとって、流通システムをどうするか、ビジネスをどうするかという問題もあるけれども、もっと重大な問題があるのではないか、という意味です。重大な問題とは、共謀罪や安保法、秘密保護法といった、表現の自由・言論の自由に直接関わってくる法律が次々と作られ、いわば言論の外堀をどんどん埋められている状況です。そこには図書館の自由をどう守っていくかということも含まれています。出版界は、軽減税率などのために政権にすり寄ったり、あるいは自民党議員を動かして書店の保護を呼びかけるなどということはするべきではない。それ以前に、表現の自由を守っていくためには何をするべきなのかから考えていかなければいけない。

## 複本問題と貸出猶予問題について考えたこと

私は日本文芸家協会の理事もしているのですが、複本問題に関して全ての作家が反対しているわけではありません。あるいは、全ての作家が新刊書について図書館は一定期間貸出を制限すべきだと考えているわけではありません。

著作者にもいろいろな立場や考え方があり、同時に三つの側面があります。一つは表現者であること。表現者としての著作者にとって図書館は本を置いてくれる場所であり、読者が本に出会う場所です。多くの人が図書館で作品の存在を知り、読んでくれます。二つめに、著作者は本を読む人でもある。一冊の本を書くためには膨大な資料を読みます。イマジネーションだけで書いていると思われる作家の作品にも、直接・間接的にそれまで読んできた本が影響しています。著作者自身が著作物の利用者でもあるのです。そして三つめが著作権者としての著作者。著作権を保持し、著作権をお金に換えていく人でもあります。昨今は三つめの、著作権者としての著作者についてばかりが話題になりがちですが、この三つの側面は人によって濃淡様々です。著作権者としての「お金の方に濃い」という人もいれば、「本は読まれてなんぼ。どんどん読んでほしい」という人もいれば、自分が「たくさん読みたい」

という人もいる。

だから複本問題にしても著作者の意見は様々です。「あれは一部のベストセラー作家だけの話で、初版が出るだけで重版もされないような、しかも初版が2000部、3000部といった自分のような作家には関係ない話だ」という書き手も大勢います。むしろマイナーな書き手にとっては、図書館が購入することによって下支えしてくれているという気持ちもあります。そういう書き手にとっては、「出版社が図書館に文句を言っているようなイメージが浸透して、図書館が購入してくれなかったら、自分の初版2000部すら出せないかもしれない」という危機感にもつながる。もちろん新潮社の佐藤社長にしても、そういう主張をしたわけではない。一部のベストセラーについて「発売直後の一定期間は貸出猶予してほしい」という主張です。そうした本は、発売直後にどーんと売れる特性がある。それを「図書館で無料で読める」というマインドが浸透すると、発売直後の売れ行き—出版業界では「初速」なんて言いますが—に悪影響があるというわけです。

先ほど、著作者は三つの側面を同時に持っていると言いました。書き手、読者、著作権者として。別の視点から、著作者には三種類いるともいえます。作品を書いた原稿料や刊行した書籍の印税で食べている人。著述業とは別の職業がある人。純文学系の小説家や詩人の中には、大学教員をしている人が沢山います。故・辻井喬＝堤清二さんのように企業の経営者だった人もいます。この二番目のパターンの人にとっては、書いた作品が読まれることがアイデンティティだといってもいいかもしれない。最初の三つの性格でいうと、表現者としての性格が著作権者としての性格に勝るパターンと言えるでしょうか。こうした作家は、図書館が貸出制限をするのは困るなあと思っているかもしれない。三つめのパターンは、セミナーや講演が主な収入源になっていて、著作はセミナーや講演に人を呼ぶためのツールになっている人々です。こういうビジネス系のハウツー本や自己啓発書の書き手は、自分で買い取ってどんどん配ったりします。配って知名度を上げてセミナーに来てもらう。700円の新書を配っても3万円のセミナーに来てくれるなら安いものです。このように、一概に出版社vs.図書館、作家vs.図書館とは言えません。出版社のほうも、特に専門的な本を出しているところほど、図書館の購入が下支えになっているという意識が強いです。

一方で「貸出猶予も全部の館では無理としても、いくつかの館で実験的にやってみたら面白いじゃない？」という人もいます。例えば「杉並区の図書館は文芸書について刊行後6か月間は貸出さない」というように。貸出猶予によって区内の書店での売上は増えるのかどうか、3年ぐらい実験して検証すると面白い。あるいは町村内に書店のない地域ではどうなのかとか。いろいろ実験してみればいいんです。もっとも、公立図書館は行政機関ですから法や条例による根拠が必要で、思いつきでできることではないから、それなりのエネルギーが必要ですが。

図書館はみんな同じでなくてもいい。いろいろな図書館があっていい。実際、もともと図書館はいろいろです。私の近所にある図書館は建物も老朽化しているし、蔵書も貧相なものです。しかも最近、建物の配管が壊れて一部の書棚に汚水が降り注ぎ、汚れた本を廃棄しなければならなくなりました。哲学思想関係の書棚ががらんと空いているという悲惨な状態です。塩尻市のエンパークや米沢市のナセBAなどを訪れると、羨ましいなあと思います。施設に違いがいろいろあるのだから、サービスにも違いがあっていい。

個人的には、本は読まれることに意義があると思っています。お金が大事か、読まれることが大事かというと身も蓋もない言いかたですが、やはり読まれなければ存在しないのと同じです。先程、家族が亡くなったとき、蔵書をどうするべきかというお話をしました。図書館の倉庫で箱に入ったまま死蔵されるよりも、古書市場に流してその本を必要としている人や組織に渡るほうがいいと申しあげました。それと同じで、本を活かすとはどういうことなのかと考えると、いろいろなありかたがあっていいのだと思います。ネットの世界では検索されなければ存在しないのと同じです。書物についての情報も検索されなければ存在しないも同然。著作権についてのいわゆる規制緩和、著作権者の権利制限についても、制限は嫌だ、権利侵害だからいけないと考えるだけでは話は進まないと思います。本が活きるためには、書いた本が読まれるためには、どうしていくべきか。その視点からいろいろなものが見えてきます。重要なのはいかにして知を共有していくかです。

著作権者はともすれば、著作権を物体と同じように考えがちです。著作権侵害は窃盗と同じだ、著作権を勝手に使うのは他人の物を盗むのと同じだ、としばしば言う。でも物体の所有権と著作権は違うものです。物体と著作物は違う。物がAさんからBさんに移動するということは、Aさんの手元からなくなってBさんに渡ることを意味します。ところが著作物はAさんからコピーしてBさんも持つと、AさんとBさんの二つに増える。Aさんの手元にあったものが消えるわけではありません。共有化されるというのはそういうことです。持つ人が増えるということです。そして知の共有化が新しい創造のベースになっていく。

市民が知を共有化していくことについて図書館がどう力を貸していくのかが、これからの大きなテーマになっていくだろうと思います。

【参考　本文内の記念館等所在地】

池波正太郎記念文庫　台東区西浅草3―25―16　台東区中央図書館内
大佛次郎記念館　横浜市中区山手町113
司馬遼太郎記念館　東大阪市下小阪3丁目11番18号
京都国際マンガミュージアム　京都市中京区烏丸通御池上る
米沢嘉博記念図書館　千代田区猿楽町1丁目7―1
松山市立子規記念博物館　松山市道後公園1―30
田辺聖子文学館　東大阪市菱屋西4丁目2番26号　大阪樟蔭女子大学図書館内
茅ヶ崎市開高健記念館　茅ヶ崎市東海岸南6―6―64

永江　朗（ながえ　あきら）

略歴　１９５８年生まれ。法政大学卒。
洋書店アール・ヴィヴァン勤務後、雑誌「宝島」などの編集・ライターを経て、現在フリーライター。読書やインタビューに関する著作多数
著書　『「本が売れない」というけれど』ポプラ社 2014刊
「書店経営」(月刊)で「永江朗のこれからの書店経営へのヒント」連載中

EYE LOVE EYE

図書館の「捨てると残す」への期待と不安
―出版産業の危機の中で／書き手として、利用者として―
（多摩デポブックレット　12）

2018年10月20日第１刷発行
著　者　永江　朗
発　行　特定非営利活動法人　共同保存図書館・多摩
理事長　座間　直壯
http://www.tamadepo.org
発　売　株式会社けやき出版
http://www.keyaki-s.co.jp
東京都立川市柴崎町３－９－６　高野ビル１F
TEL 042-525-9909
印　刷　株式会社 アトミ

ISBN978-4-87751-587-4 C0037